Animales de la selva

Animales de la selva

Animales de la selva

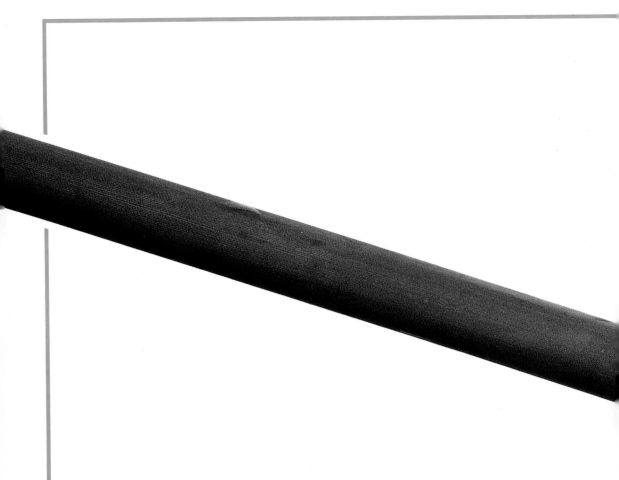

UN LIBRO DORLING KINDERSLEY

Traducción de Olga Colella

Título original: Eye Openers - Jungle Animals

ABRE TUS OJOS

Animales de la selva

EDITORIAL SIGMAR

Mono

Este mono vive en
la cima de los árboles de la selva.
Usa sus pies y cola para trepar
de rama en rama. Los hijitos
de los monos se cuelgan de
las espaldas de sus madres.
Comen frutas, insectos
y plantas.

manos

cara

cola

5

Jaguar

oreja

El jaguar es un gato muy grande que vive en la selva. Caza animalitos. Para esto se esconde en los árboles y desde arriba, se lanza sobre ellos. También atrapa peces. De un ligero manotazo los saca fuera del agua, con sus garras.

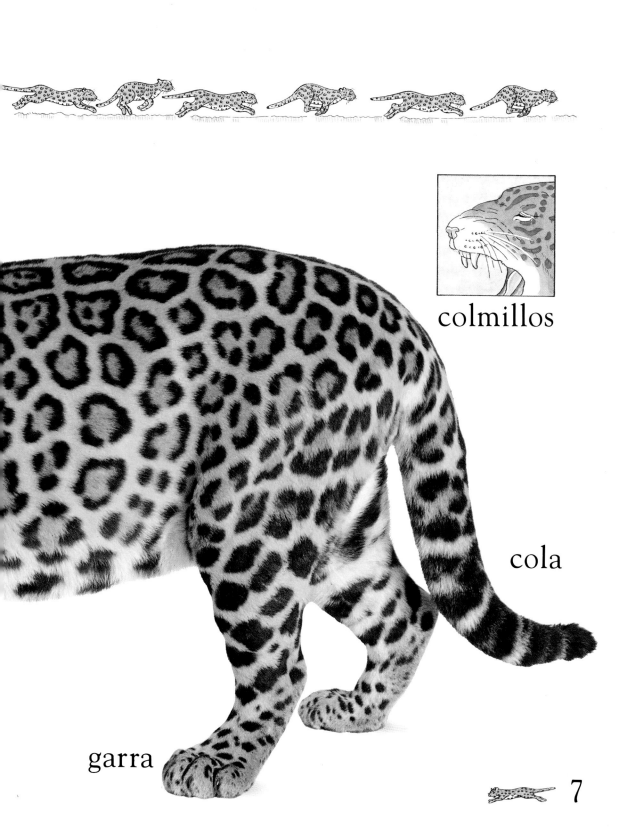

colmillos

cola

garra

7

Rana arbórea

pata

Esta diminuta rana de los árboles es tan pequeña que podría sentarse en tu pulgar. Se oculta de sus enemigos entre las hojas verdes. Los dedos de sus patas son pegajosos. Se adhieren a las hojas y ramitas, en busca de insectos para devorar.

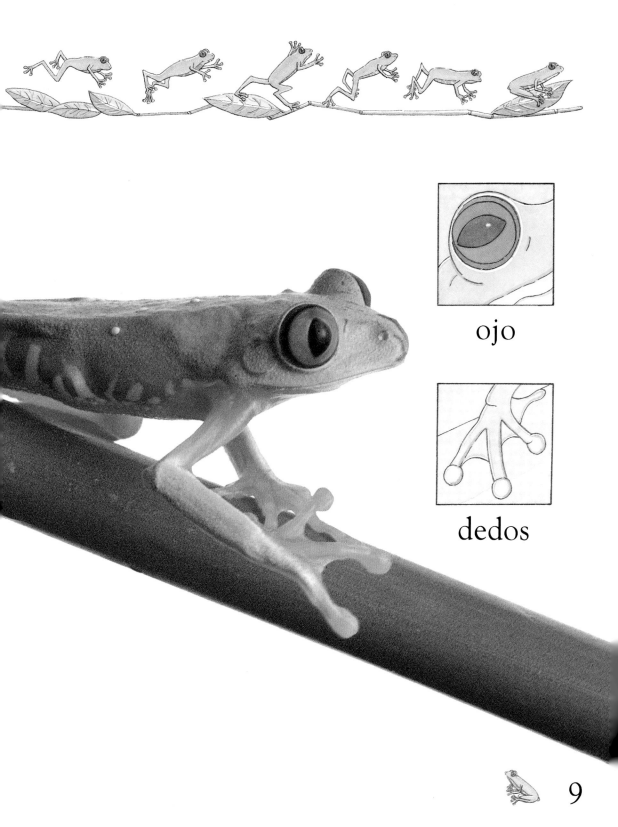

ojo

dedos

Cocodrilo

Los cocodrilos viven cerca de los ríos o pantanos y pasan largo tiempo en el agua. Su poderosa cola les sirve para nadar. Usan sus fauces para tragar peces y otros animales. Los cocodrilos bebes salen de un huevo.

cola

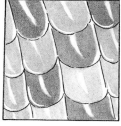

escamas

dientes

ojo

Orangután

Un orangután es un mono
grande con brazos muy largos.
Los usa para columpiarse
de rama en rama,
de un árbol a otro.
Come fruta y pasa mucho
tiempo durmiendo. Cada
noche hace una especie
de nido con hojas
y ramas.

brazo

mano

13

Tucán

Los tucanes viven en grandes grupos. Construyen sus nidos en lo alto de los árboles. Con sus picos enormes picotean granos y rebanan jugosas frutas.

14

pico

ojo

plumas

15

Iguana

La iguana es un lagarto grande.
Tiene piel gruesa y escamada.
Come hojas, flores y semillas.
Las iguanas son buenas nadadoras
y trepadoras. Cada mañana
suben a la copa de los árboles
para calentarse al sol.

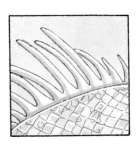

cresta

cola

boca

garras

17

Perezoso

Los perezosos pasan todo el tiempo colgados al revés. Trepan árboles pero no caminan. Se mueven muy lentamente, aferrándose a las ramas con sus largas y ganchudas patas. Comen hojas y brotes. Las mamás cargan a su bebe sobre sus barrigas.

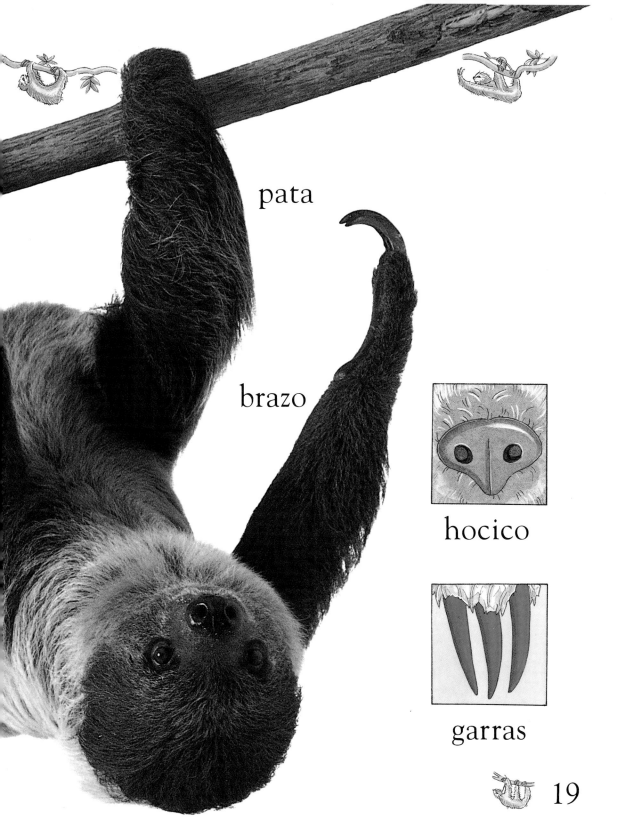

pata

brazo

hocico

garras

19